우리는 어떻게 **볼까?**

민음 바칼로레아 006

우리는 어떻게
볼까?

실비 쇼크롱 · 크리스티앙 마랑다즈

박경한 감수 | 김성희 옮김

민음in

차례

질문 : 우리는 어떻게 볼까?

　시각은 대다수 동물이 환경에 적응하고 생존해 가는 데 가장 중요한 역할을 한다. 하지만 인간의 시각은 그 이상의 의미가 있다.

　인간에게 시각이란, 지적·정서적으로 풍요로워질 수 있는 근거이자 생각과 소통을 할 수 있게 해 주는 도구이다. 인간이 외부 세계로부터 받아들이는 정보 중 80퍼센트는 눈을 통해서 들어오고 있다. 시각을 통해 외부로부터 들어온 정보를 처리할 때 뇌의 활성 부분 중 절반이 작동한다는 사실만 보아도 인간에게 시각이 얼마나 중요한 감각인지 알 수 있다.

　어떻게 보면 시각은 마술과도 같다. 눈꺼풀 한 겹만 들어 올리면, 즉 눈을 뜨기만 하면 화려하고 다채로운 빛과 그림자, 사람과 사물이 가득한 세계가 펼쳐진다.

본다는 것은 너무나 단순한 행위 같아서 사람들은 눈과 사진기를 비교하곤 한다. 그런데 인간은 정말 어떻게 해서 보는 것일까? 그것은 정말 사진기의 원리와 다르지 않은 것일까? 과거의 철학자들이 영혼의 눈을 강조하거나 이성의 도구가 망막에 존재한다고 생각했던 것과는 달리, 이제 여러분은 시각 영상이 빛의 다발 형태로 망막에 비치고, 그다음에 망막에 비친 형태가 전기 신호로 바뀌어 뇌까지 전달된다는 사실을 알고 있다.

그렇다면 뇌는 어떤 방법으로 전기 신호를 우리 눈앞에 있는 사물과 사람으로 다시 바꾸는 것일까? 현대 과학은 이 질문에 얼마나 답할 수 있을까?

이 책에서는 이 질문에 대해 오늘날 우리가 할 수 있는 대답의 기초를 마련하기 위해 먼저 시각과 관련된 생물학적·인지 과학적 과정을 간략하게 살펴볼 것이다. 그리고 유아기에 시각이 어떻게 발달하는지, 또 눈이나 뇌에 손상이 생겼을 때 시각에 어떤 결함이 생기는지도 알아볼 것이다.

1

본다는 것은
무엇일까?

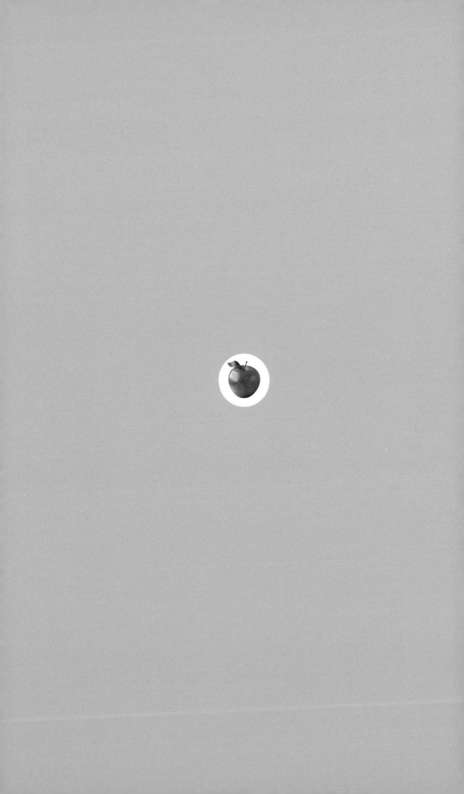

본다는 건 간단한 일이다?

시각은 매우 빠르고, 자동적이며, 신뢰할 수 있는 감각이다.

이 말이 무슨 뜻인지 알고 싶으면 한 가지 실험을 해 보면 된다. 텔레비전 앞에 서서 리모콘으로 채널을 최대한 빨리 바꿔 보는 것이다. 다양한 화면이 아주 빠른 속도로 지나가 버려도 우리는 각 화면이 보여 주는 것이 무엇인지 거의 알아맞힐 수 있다. 우리가 그렇게 할 수 있는 것은 방송 프로그램들이 규격화되어 있어서가 아니라, 눈으로 사물을 지각하는 속도가 빠르기 때문이다.

심리학자와 신경 생리학자들이 한 실험에서 하나의 영상을 인지하는 데 필요한 최소 시간을 측정해 보았다. 제시된 영상이 도시인지, 얼굴인지, 강아지인지 말하려면 시간이 얼마나 필요할까를 알아보려는 것이었다. 결과는 약 10분의 1초밖에 되지 않았다.

앞에서 언급한 텔레비전 실험에서 과학자들은 세 가지 사실을 확인할 수 있었다.

첫째, 영상을 인지하기 위해 따로 애쓸 필요는 없다. 시각은 자신의 의지와는 상관없이 느낄 수 있는 감각이다. 이는 시지각이 다른 감각에 비해 자동적이라는 것을 뜻한다.

둘째, 옆사람과 내가 동시에 시지각을 경험하면, 대개 옆사람과 내가 본 것이 동일하다. 시각은 그만큼 신뢰할 수 있는 감각이다.

셋째, 영상을 지각하고 나서 보이는 반응과 해석은 과거의 경험이나 현재의 행동 동기, 그리고 영상을 지각한 순간의 집중도 등에 따라 매우 달라진다. 이렇게 같은 영상을 지각했더라도 반응과 해석이 저마다 뚜렷한 차이를 보이는 사실은, 시지각과 우리가 가지고 있는 다른 지식들이 서로 의존하고 있음을 입증한다.

본다는 행위는 너무나 단순하고 빠르고 자동적이고 신뢰할 수 있기 때문에, 시각적 인지 체계를 알기 위해서는 수많은 복잡한 문제를 풀어야 한다는 사실을 잊기 쉽다. 이것이 시지각의 역설이다.

예를 들어 인간은 주변 환경을 3차원으로 보고 있지만, 눈의 관점에서 그 영상은 2차원으로 표시된다. 따라서 2차원으로 받은 영상을 인지 체계가 받아들여 입체적으로 재구성해야만 하는데, 이 재구성 과정은 수학적으로까지 정확하기 어렵다. 하나의 2차원 영상에서 끌어낼 수 있는 3차원 영상은 대단히 많을 수 있기 때문이다.

하지만 인간은 어떤 물체가 거리에 따라 위치나 크기, 기울기, 방향을 바꾸었을 때도 그 물체를 알아볼 수 있다. 그러려면 인지 체계는 그러한 공간적 변형 때문에 영향을 받아서는 안 된다. 즉 **공간 불변성**을 인식하고 있어야 한다는 말이다. 다음 쪽의 그림들은 그와 관련된 다양한 문제를 암시하고, 지각 체계가 어떤 실마리를 통해서 그 문제를 해결하는지를 보여 주고 있다.

첫 번째 그림과 두 번째 그림은 착시의 예이다. 첫 번째 그림에서는 위에 있는 선이 더 길어 보이지만 사실 두 선의 길이는 같다. 두 번째 그림에서는 흰색 삼각형이 있는 것 같이 보이지만 실제로 그려져 있지는 않다. 세 번째 그림은 가정을 통한 지각의 예다. 아무 의미도 없는 점들처럼 보였다가, 기사가 말을 타고 있는 모습이라고 가정하면 정말 그렇게 보인다.

착시를 일으키는 그림

인간의 시각 인지 체계는 인간이 미처 의식하기도 전에 너무나 쉽게, 그리고 너무나 빨리 지각 문제들을 해결해 버리기 때문에 착시와 같은 복잡한 문제들이 생긴다. 오랫동안 실명 상태에 있다가 시력을 회복한 사람들이 겪는 어려움들을 살펴보면 이러한 현상을 보다 잘 이해할 수 있다.

심봉사가 눈을 뜨면 청이를 알아볼 수 있을까?

시각 장애인이 눈을 뜨게 되면 어떤 일이 벌어질까 하는 문제는 아주 오래전부터 제기되어 왔던 질문이다. 17세기 철학자 윌리엄 몰리누˙는 시각 장애인 부인을 두고 있었는데, 역시 철학자인 친구 존 로크˙와 시력 회복에 대한 이야기를 나누던 중에 다음과 같은 질문을 던진다.

- - - -

윌리엄 몰리누(William Molyneux. 1656~1698) 아일랜드의 정치가이자 과학자.
존 로크(John Locke, 1632~1704) 영국의 대표적 철학자이자 근대 민주주의의 대표적 사상가. 루소와 함께 시민 사회와 인간의 자연권을 제창한 양대 자유주의 사상가로 꼽히며, 경험론적 인식론의 창시자이기도 하다.

"내 아내가 시력을 회복하면 정육면체나 구 같은 간단한 모양을 바로 구별하고 알아볼 수 있을까? 손으로 만져서는 완벽하게 알아내는데 말이야."

앞을 못 보던 사람이 시력을 찾은 사례는 고대 그리스 로마 시대부터 약 스무 번 정도가 기록에 남아 있다. 하지만 그에 관해 임상 연구를 거친 것은 20세기 후반의 일이다. 1963년에 심리학자 리처드 그레고리와 진 월러스가 S. B.라는 환자에 대한 연구 결과를 펴낸 책이 이 주제에 대한 첫 번째 참고 자료라고 할 수 있다. 그 이후 다른 사례들도 책으로 기술되기 시작했으며, 최근에 올리버 색스가 『화성의 인류학자』에서 이야기한 버질의 경우도 그중 하나이다.

버질은 백내장과 황반 변성증으로 인해(여기에 관해서는

● ● ● ●

그레고리와 월러스(Richard L. Gregory, Jean G. Wallace) 그레고리 교수의 홈페이지(http://www.richardgregory.org/papers/index.htm)에 가면 이 연구 자료를 원문으로 볼 수 있다.

올리버 색스(Oliver Sacks, 1933~) 영국에서 태어나 미국으로 이주한 신경학자. 공식 홈페이지는 다음과 같다. http://www.oliversacks.com

백내장 눈의 한 수정체에 혼탁이 와서 안개가 낀 것처럼 흐릿하게 보이거나 한 눈으로 봐도 물체가 겹쳐 보이는 질병.

황반 변성증 망막 중심부인 황반(黃班)이 기능을 상실해 시력을 잃게 되는 질환.

뒤에 다시 나올 것이다.) 여섯 살 때 눈이 멀었다. 그러다가 쉰 살이 되어서야 오른쪽 눈을 수술 받는다. 그리고 며칠 뒤에 드디어 눈에 감고 있던 붕대를 풀었다. 찰리 채플린의 영화 「시티 라이트(City Light)」에 나오는 꽃 파는 소녀처럼 버질도 주위의 사람과 사물들을 바로 알아보았을까? 아니, 그렇지 않았다.

눈을 뜨는 순간 버질은 혼란에 빠져 얼이 나간 것처럼 보였고, 허공만을 바라보고 있었다. 의사가 말을 걸자 그제야 가까스로 그에게 시선을 주었다. 나중에 버질은 의사의 목소리를 듣기 전까지는 그 의사가 보이지 않았다고 얘기했다. 누군가의 목소리가 들렸고, 그 목소리를 낸 사람이 곁에 있을 것이라고 느끼고 나서 비로소 의사의 얼굴을 쳐다보려고 한 것이다. 그렇지만 버질의 눈에 들어온 얼굴은 목소리를 내는, 빛과 그림자, 색채와 움직임이 혼란스럽게 뒤섞인 물체였을 뿐이었다. 시력이 회복된 뒤에 버질은 색깔과 움직임을 구별하고, 커다란 물체들이 어디에 있는지도 감지하게 되었다. 하지만 그것이 무엇인지는 알 수가 없었다. 사각형이나 원과 같은 아주 단순한 형태도 알아보지 못했다.

집에 돌아와서도 버질은 집 안이고 밖이고 간에, 눈으로는 전혀 알아보지 못했다. 눈으로 지각하는 모든 것이 혼란스러웠고 이해할 수가 없었다. 자신이 기르던 개와 고양이가 방으로 들어왔을 때, 버질은 그 두 물체가 도대체 무엇인지 알아보는데 애를 먹었다. 동물들이 아무 소리도 내지 않았더라면 만져 보고 나서야 알아볼 수 있었을 것이다. 그리고 계속 움직이는 개와 고양이는 버질을 너무나 난처하게 만들었다. 움직일 때마다 녀석들의 모습이 끊임없이 바뀌었기 때문이다. 버질은 하나의 동물이 어떻게 그렇게 다양한 모습으로 보일 수 있는지 이해할 수가 없었다. 마찬가지로, 하늘의 달도 그가 상상했던 것에 비해 훨씬 크게 보였다. 새를 구별할 수 있게 되었을 때는 새들이 자기한테 달려드는 것 같아서 도망부터 치곤 했다. 요컨대, 버질은 3차원적인 입체 공간을 인지하지 못했던 것이다. 특히 물체란 자신과 얼마나 떨어져 있느냐에 따라 크게 보이거나 작게 보이는 것일 뿐 원래 크기는 변함이 없다는 것을 알게 해 주는, 거리에 대한 정보를 적용하지 못했다.

버질은 또한 잡지에 실린 사물이나 사람을 실제와 구별하지 못했다. 수술 후 다섯 주가 지나도 이러한 증상이 완화되지 않았다. 오히려 버질은 자신이 지각하는 것에 대한 자신감이 점점 떨어졌고, 밖에 돌아다니는 것도 처음보다 더 힘이 들었다. 감각적인 면과 심리적 안정이라는 면 모두에서 수술 전보다 더 나빠진 느낌이었다. 보려고 애를 쓸수록 버질은 더 피곤하고 당황스러워졌으며, 점점 풀이 죽어 갔다. 부인이 보기에도 버

오랜 실명 상태에서 시력을 회복한 사람의 눈에는 사물들의 모습이
거리에 따라 달라 보여 혼란스럽게 느껴진다.

질이 시각 장애인들처럼 의존적 행동을 보이는 일이 점점 더 잦아졌다고 했다.

왼쪽 눈도 수술을 받아서 오른 눈보다 더 좋은 시력을 찾았는데도 버질의 상태는 조금도 나아지지 않았다. 그런데 일 년 후 버질은 심각한 폐렴에 걸려 시력을 완전히 잃게 되었다. 역설적이게도 그렇게 해서 그는 오히려 삶의 활력을 되찾았다.

버질이 보여 준 행동은 유독 그에게만 나타난 증세가 아니라, 오랫동안 실명 상태로 있다가 시력을 찾은 사람들 대부분에게서 볼 수 있는 모습이다. 이는 본다는 것이 언뜻 보기에 단순한 현상 같지만, 사람들이 일반적으로 생각하는 것만큼 쉬운 일이 아니라 매우 복잡한 처리 과정을 통해 이루어지는 현상임을 보여 준다.

버질이 보았던 세상은 다양한 세기의 빛과 여러 가지 색깔의 점들로 만든 누더기와 비슷했다. 말하자면 그는 눈에 비친 파편화된 정보들을 좀 더 구조화된 모습으로 바꾸어 줌으로써 전체 형태(사물, 사람 등)를 볼 수 있게 해 주는 변환 방법을 습득하지 못했던 것이다. 시각이 훈련을 필요로 한다는 사실이 강조되는 이유가 바로 여기에 있다.

만약 시각 훈련이 이루어지지 않았거나, (뒤에 가서 자세하게 살펴보겠지만) 뇌에 손상이 생겨 시력을 잃었을 경우 멀쩡한 눈을 가지고 있더라도 시지각을 사용할 수가 없고, 쓸모없는 시각 정보들만 뇌에 넘쳐나게 된다. 따라서 사물을 구별하지도 못하고, 거리를 파악하지도 못하며, 외부 세계에 대해서 자신이 어떤 위치에 있어야 하는지조차 모르게 된다. 결국 본다는 것은 아주 어렸을 때부터 습득한 지식의 하나인 것이다.

인간은 태어날 때부터 볼 수 있을까?

인간에게 시각은 태어나는 순간부터 인지적인 활동이나 사물 또는 타인과 관계를 맺는 활동에서 매우 특별한 위치를 차지한다.

아기가 주위 환경, 특히 엄마와 관계를 확립하는 데뿐만 아니라, 무언가를 배우는 과정에서 시각이 중요한 역할을 한다는 것은 실제로 인정되고 있는 사실이다. 생후 첫 몇 주부터 아기와 외부 세계 사이의 커뮤니케이션을 보장해 주는 것이 바로 시각이다.

시각은 또한 근육 운동을 비롯해 자세를 익히는 데에도 중요한 역할을 담당한다. 예를 들어 아기는 고개를 들고 목을 가누거나 처음으로 물건을 잡거나 하는 행동을 시각을 통해 배운다. 그뿐만 아니라 아기는 시각을 통해 자신을 둘러싸고 있는 전후좌우 및 상하의 공간에 대한 총체적인 정보를 얻고, 몸을 움직일 때 균형을 유지할 수 있도록 자세를 조정한다. 결국, 아기는 수많은 활동들을 처음 학습할 때 시지각의 지배를 크게 받는 것이다. 이는 시각이라는 감각을 사용하는 것이 인간에게 얼마나 중요한지를 말해 준다.

그렇다면 우리는 보는 방법을 배우는 것일까, 아니면 유전자를 통해 그와 관련된 지식을 전달받아서 태어날 때부터 그걸 알고 있는 것일까?

시지각, 특히 형태에 대한 시지각은 태어날 때부터 뇌가 지니고 있는 기능이라고 보는 가설이 타당한 것 같다. 그 기능은 생후 첫 몇 개월 동안 점차 발달하면서 아기는 미숙하게나마 눈에 들어오는 정보와 바깥 세계의 움직임을 서로 결부해서 이해하고 그에 걸맞은 행동을 하게 된다. 이것은 특히 표정을 흉내 내는 것으로 나타난다. 아기들이 무표정한 얼굴보다는 다양한 표정을 짓는 얼굴을 더 좋아하고 혀를 내밀거나 입을 벌리는 표정을 흉내 낼 수 있는 것은 이 때문이다. 미숙한 단계의 시각적 능력은 이런 식으로 해서 순전히 시각으로만 이루어지는 의사 소통을 가능하게 해 준다. 이는 말을 하기 전인 생후 첫 몇 개월간 감정을 교류하는 데 반드시 필요한 부분이다.

한편, 시지각 발달에 관한 한 연구를 통해 시각적 자극이 어떤 것이냐에 따라 개인의 지각력이 결정되는 시기가 있다는 사실이 밝혀졌다. 실제로 새끼 고양이들을 수직으로만 빗장을 질러 둔 환경에서 키울 경우, 그 고양이들은 가로선을 감지하는 능력을 키우지 못해 가로선 자극에 대해서는 장님이 된다. 이러한 연구는 시각의 처리 능력과 분석 능력이 기초적인 능력이긴 하지만 타고나는 것이 아니라, 환경에 의해 주어지는 시각적 자극을 통해서 발달된다는 것을 보여 준다. 그리고 시지각 능력이 결정되는 시기가 있다는 것은, 우리가 어떤 자극을 시각으로 지각하는 법을 배우려면 그 자극이 적절한 시기에 주어져야만 한다는 것을 뜻한다. 버질의 예가 보여 주듯이, 시각 정보를 다루는 법을 배우기 힘든 경우도 있다. 이는 시각적 환경만이 아니라 아기의 지각을 방해할 수 있는 시각 장애를 조기에 찾아내는 것 또한 중요하다는 것을 뜻한다.

아기의 시각 능력과 유년기의 시각 능력 발달에 대해 모든 것이 밝혀진 것은 아니다. 하지만 실제 사례들을 통해 시각에 관한 새로운 지식들이 계속 밝혀지고 있다. 예를 들어, 버질은 시력을 회복한 후 다양한 물체들을 시각적으로 검토하면서 이리저리 다뤄 보는 데 상당한 시간을 보냈다. 아기나 아주 어린 아이도 그런 행동을 보이는데, 이 사실로 보아 시각적 지식을 제대로 습득하려면 다른 감각을 동원하고 실제로 동작을 해 보아야 함을 알 수 있다. 우리가 세계를 어떻게 지각하는지, 또 세계를 어떻게 표현하는지는 그러한 상호 작용에 달려 있는 것이다.

그렇다면 이제 그 상호 작용을 위해 뇌가 시각적 정보를 어떻게 처리하는지 알아보자.

2

보기 위해서는
어떤 **과정**을 거쳐야 할까?

망막은 무슨 일을 할까?

시각 정보는 단계별로 신경 생리학적인 처리 과정을 거친다. 가장 먼저 시각 정보는 눈의 망막에 위치하고 있는 감각 수용체를 통과한다. **망막**은 눈 가장 안쪽에 있는 막으로, 안구 안쪽 면 전체를 덮고 있다. 망막에 비친 영상은 원래 풍경이 상하좌우가 바뀌어 거꾸로 투사되는 특징을 보인다.

빛은 망막에 있는 수용 세포들, 즉 **원추 세포**(약 500만 개)와 **간상 세포**(약 1억 2000만 개)를 거치면서 신경 활동으로 바뀌는데, 그 과정에서 가장 먼저 광화학적인 변화가 일어난다. 이 변화에는 간상 세포에 들어 있는 로돕신이라는 물질이 개입하게 된다. 로돕신은 간상 세포 하나에 대략 1억 개가 들어 있으며, 옵신(단백질) 위에 레티넨(비타민 A 유도체)이 걸려 있는 모양을 하고 있다. 이중에서 레티넨은 빛의 자극을 받으면 물리적인 변화를 일으킨다. 이렇게 빛이 레티넨의 형태를 바꿈으로써 시각 신경 신호를 만드는 생화학적 사건들이 잇달아 일어나기 시작하는 것이다.

원추 세포에 있는 **수용야**˚는 상대적으로 크기가 작은데, 이는 정밀하게 보는 것을 가능하게 해 준다. 반면 간상 세포의 수용야는 크기가 훨씬 더 큰데, 이 때문에 시각은 상대적으로 덜 정확하고 더 흐릿하게 된다. 간상 세포의 이러한 성질은 우리가 시선을 한 곳에 고정했을 때 주위의 시야를 처리하는 데 유용하다. 빛과 색에 민감한 원추 세포는 낮에 효과적이고, 명암에 민감한 간상 세포는 밤에 효과적이다.

원추 세포와 간상 세포가 망막에 균일하게 분포되어 있지는 않다. 원추 세포는 망막 중앙에 있는 **황반**, 그중에서도 중심와에 빽빽이 몰려 있다. 우리가 시선을 고정하고 있는 지점의 상이 바로 망막의 **중심와**에 맺힌다. 원추 세포의 밀도는 망막 외곽으로 갈수록 감소하며, 간상 세포는 그와 반대로 망막 외곽으로 갈수록 밀도가 높아진다. 원추 세포가 고르게 분포되어

● ● ● ●

수용야(receptive field) 하나의 신경이 자극에 대해 반응하는 영역.

있지 않기 때문에, **중심 시력**(세밀한 부분을 볼 수 있는 능력)은 🍎
우리 시선이 고정된 지점(중심와로 지각하는 지점)에서 최대화
되고, 부중심와(중심와 부근) 영역과 중심와 주변 영역의 시력
은 거의 거듭제곱으로 감소하게 된다. 우리가 책을 읽을 때 수
많은 단어들에 차례차례 시선을 둘 수 있는 것도 바로 그러한
구조 덕분이다. 시선을 고정할 때마다 우리가 읽고자 하는 단
어가 있는 위치에 중심와가 초점을 맞추는데, 이는 중심와에
매우 밀도 높게 분포되어 있는 원추 세포를 통해 단어를 이루
고 있는 글자들을 자세하게 분석하고, 그것이 어떤 단어인지
확인하기 위한 것이다. 중심와의 시력이 이러한 분석을 하는
동안, 약간 흐릿한 부중심와의 시력은 눈이 다음에 움직여 갈
궤도를 결정하기 위해 필요한, 다음 단어들의 위치에 대한 정
보를 눈에 제공한다.

그렇다면 흐릿한 신호 전달 체계인 **주변 시력**(주로 간상 세포 🍎
의 분석을 뜻한다.)은 어떤 일을 하는 걸까? 주변 시력은 환경
을 관찰해서 공간적으로 참고할 만한 정보를 제공함으로써 평
형 자세를 유지할 수 있도록 도와준다. 그래서 우리는 걸으면
서도 별 사고 없이 책을 읽을 수가 있는 것이다.

다음 쪽 상단의 그림에서 볼 수 있듯이, 원추 세포와 간상 세
포는 양극 세포에 연결되어 있고, 양극 세포는 다시 신경절 세

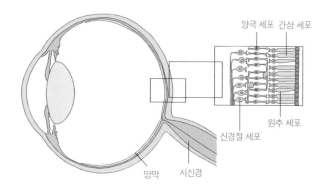

망막의 3층 구조

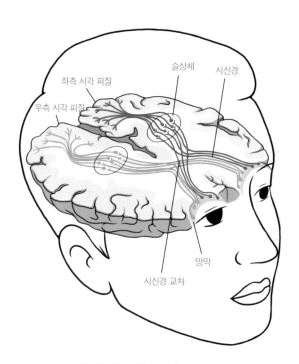

눈에서 일차 시각 피질까지 이어져 있는 시각 경로

포와 이어져 있는데, 신경절 세포의 끝부분(축색 돌기*)이 **시신경**을 형성한다. 이 시신경이 망막의 정보를 뇌에 전달하면, 이른바 시각 분석이 뇌에서 시작된다.

왼쪽 하단의 그림을 보면, 오른쪽 눈과 왼쪽 눈의 시신경 섬유 일부분이 서로 교차하는 것을 볼 수 있는데, 이를 두고 **시신경 교차**라고 한다. 이러한 교차 결과, 우측 피질이 왼쪽 시야에서 들어온 시각 정보를 처리하고, 좌측 피질이 오른쪽 시야에서 들어온 시각 정보를 처리하게 된다.(여기서 **시야**란 중심와가 초점을 맞추고 있는 위치 주변으로 보이는 공간 전체를 말한다.)

시각 영역과 시각 경로

대뇌의 시각 피질에는 30여 개의 시각 영역이 있다. 그리고 하나의 시각 영역에는 하나 이상의 특별한 시각 정보를 처리하는 뉴런(신경 단위)들이 모여 있다. 최근에 시각 피질을 해부학

• • •

축색 돌기 신경 세포에서 뻗어나온 긴 돌기로 신경 돌기라고도 한다. 신경 세포의 흥분을 전달하는 기능을 한다.

적으로 설명할 수 있게 되었지만, 그 기능에 관한 체계적인 연구가 이뤄진 것은 아니었다.

시각 피질에 있는 시각 영역 중 그나마 가장 잘 알려져 있는 영역이 **일차 시각 피질**˚인데, 시신경 섬유의 90퍼센트가 여기로 투사된다. 일차 시각 피질은 뇌에서 이루어지는 시각 분석의 첫 번째 단계를 맡는다. 일차 시각 피질의 세포가 각각 망막의 수용야를 하나씩 검토하여 물리적 특성을 신호로 바꾸는 것이다. 이 영역에서 분석되는 물리적 특성으로는 방향, 운동, 색깔, 거리, 그리고 공간 주파수˚가 있다. 이 과정은 우리의 직관적인 이해의 범위를 한참 뛰어넘는 것으로, 그 발견에 노벨상이 주어지기도 했다. ˚

일차 시각 피질에는 일종의 신경 레지스터(또는 카드) 안에

· · · ·

일차 시각 피질(Primary Visual Cortex, VI) 해부학적으로 그 경계가 명확하며 망막의 이미지 분포도 꼬임이 없다. 영장류에서 일차 시각 피질은 시각 정보를 처리하는 데 가장 중요한 역할을 담당하고 있다.

공간 주파수 여기서 공간 주파수란 자극이 얼마나 세밀한가를 말하는 것으로, 공간 주파수가 높으면 눈에 뚜렷하게 보이고, 공간 주파수가 낮으면 눈에 흐릿하게 보인다.

일차 시각 피질의 연구 1981년 미국의 데이비드 허블(David Hubel)과 스웨덴의 토르스튼 위즐(Torsten Wiesel)이 시각 피질에 대한 연구로 노벨 의학·생리학상을 받았다.

망막의 공간 구조와 같은 구조를 가진 세포들이 모여 있다. 이 세포들이 물리적 특성의 값을 하나하나 신호로 바꾼다. 수백 개의 세포들이 그 특수 기능을 발휘해 각각의 수용야에 대해 시각 정보를 분석하는 것이다. 일차 시각 피질에 투사되는 시신경 섬유와 수용야의 수가 비슷하다고 볼 때(150만 개), 단순한 시각적 특징 하나를 추출하기 위해 신경 세포 수백만 개가 동시에 일하고 있는 것이다.

망막에 거꾸로 비추어져 있던 풍경은 이 과정을 거쳐 일차 시각 피질에서 단순한 특징 수백만 개로 분해된다. 점묘파˚ 화가의 그림을 떠올리면 된다. 그런데 우리가 주위 환경을 지각할 때는 방향이나 색깔, 운동 등과 같은 단순한 물리적 특징을 보는 것이 아니라, 하나의 구조로 짜인 전체 장면을 보는 것이다. 이는 뇌가 부분적인 패치워크에서부터 출발해서, 총괄적인 전체를 재구성한다는 것을 뜻한다. 버질의 시각은 이 첫 번째 단계에서 더 나아가지 못했던 것 같다.

● ● ●

점묘파 팔레트와 캔버스 위에서 색을 섞지 않고 서로 다른 원색을 점으로 찍어 혼합색을 표현하는 기법을 주로 썼던 쇠라, 시냐크 등의 신인상파 화가들을 가리키는 말. 그림 물감의 색이 섞일수록 색이 어두워지는 것을 피하고 밝음을 유지하기 위해 이런 방법을 사용했다. 분할주의, 디비조니슴이라고도 한다.

이 과정은 어떻게 이루어지는 것일까? 모양, 물건, 얼굴 등 일상생활에서 접하게 되는 기본적인 요소들을 신호로 바꾸는 세포들이 상위 영역에 존재하는 걸까? 일차 시각 피질보다 상위에 있는 시각 영역의 기능을 해독하는 작업은 아직 진행 중이다. 현재 연구자들은 상위 영역의 세포들이 하위 영역에서 처리한 결과들을 통합함으로써, 여러 가지 특징들을 더 복잡한 신호로 바꾸고 있다고 말하는데, 일상생활에서 접하는 모양이나 물건, 얼굴 등은 이 영역에서 신호로 바뀌지 않는다고 본다. 어쨌든 지각 능력을 뇌의 차원에서 보자면, 시지각에 개입하는 여러 영역들 사이에 분배되어 있는 신경 활동이라고 할 수 있다.

한편, 이 모든 영역들 사이의 교류가 약하게 일어난다 하더라도, 그 영역들은 크게 두 가지 주요 시각 경로로 나누어진다. 하나는 일차 시각 피질에서 두정 피질로 가는 **배측 경로**이고, 나머지 하나는 일차 시각 피질에서 하측두피질로 가는 **복측 경로**이다. 이 두 경로는 전달되는 정보의 종류와 속도가 서로 다르다. 배측 경로로 이동하는 정보는 자세하지 않은 데다 색깔에 대한 정보도 없지만, 그 대신에 빠른 속도로 전달된다. 반면 복측 경로는 상세하고 색깔이 포함된 정보를 전달하지만, 속도는 더 느리다.

두정 피질은 공간 정보를 처리하는 데 더 전문화되어 있기 때문에, 배측 경로의 목적은 물건을 잡는 것과 같은 행동을 하거나, 시각적 장면을 이루고 있는 요소들이 어떻게 배열되어 있는지를 확인할 때 필요한 공간 정보를 빠르게 전달하는 것이

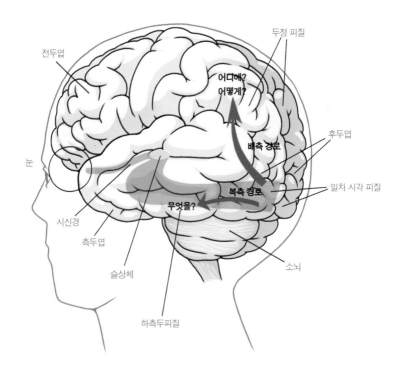

배측 시각 경로와 복측 시각 경로

라고 생각된다. 그래서 배측 경로를 '어디에' 경로 내지 '어떻게' 경로라고 부르기도 한다. 이와는 달리 복측 경로의 기능 중 확실한 하나는, 장면을 이루고 있는 요소들을 구별하고 확인하는 데 필요한 세부 정보를 전달하는 것이다. 그런 의미에서 복측 경로는 '무엇을' 경로라고 불린다.

그런데 여기서 놓쳐서는 안 되는 사실이 있다. 시각을 담당하는 뇌가 뇌의 다른 부분과 따로 분리되어 있는 것은 아니라는 점이다. 시각을 맡은 뇌의 영역은 말이나 기억, 감정을 맡은 뇌의 다른 영역들과 끊임없이 소통을 한다. 그리하여 이러한 여러 영역들에서 나온 정보들이 시지각에 영향을 주고, 우리가 보는 것을 배우는 방법을 결정한다.

3

시지각 모델을
만들 수 있을까?

복잡한 시각 영역과 뇌의 신경 활동

시지각과 관련된 문제, 그리고 그 문제를 해결하는 뇌의 구조는 너무나 복잡하다. 그래서 '우리는 어떻게 볼까?'라는 이 책의 질문에 명확하고 정확하게 답하면서 과학적으로도 타당한 모델을 구축하기란 현재로서는 쉽지 않다.

그런 시지각 모델을 만들려면 우선 여러 시각 영역들이 어떤 기능을 수행하는지, 또 끊임없이 밀려드는 신경 활동을 뇌가 어떻게 통합하는지를 밝혀낼 수 있어야 하는데, 이는 쉬운 일이 아니다. 뇌가 수많은 신경 활동을 어떻게 통합하고 있는지를 알아내려면 동시에 다량으로 주어지는 자료들을 뇌가 어떻게 그렇게 빨리 통합하는지를 밝혀내야 하고, 시각 영역들이 기능적으로 어떤 역할을 하고 있는지를 알아내려면 해당 시각 영역에 있는 하나의 신경 세포가 근본적으로 민감하게 반응하는 시각 특성들을 따로 분리해 낼 수 있어야 하기 때문이다.

예를 들어, 1980년대에 신경생리학자들은 원숭이 얼굴에 자극을 주었을 때 특히 큰 반응을 보이는 하측두피질 세포를 발견했다. 그들은 얼굴을 감지하는 뉴런을 찾았다고 생각했다. 하지만 곧 그러한 세포들의 반응이 사실은 시선의 방향에 달려 있다는 것을 알게 되었다. 얼굴을 선이나 점으로 훨씬 간략하게 분해해도 그 세포들이 여전히 반응을 보였던 것이다. 그처럼, 하나의 특정 뉴런이 담당하는 신호가 어떤 종류인가를 밝혀낸다는 것은, 방법부터 너무나 어려운 문제인 것이다.

어떻게 순식간에 모든 걸 다 볼까?

현재의 신경생리학적 지식만으로 정확한 시지각 모델을 세울 수는 없어도, 눈 깜박할 사이에 주위에 있는 것을 전체적으로 지각할 수 있는 작동 원리는 세워 볼 수 있을 것이다. 앞에서 보았던 것처럼, 중심 시력이 시야 전체에 균일하게 작용하지 않기 때문에, 하나의 장면 전체에 대한 지각은 비교적 흐릿하고 대략적이다. 하지만 전체를 한꺼번에 보는 데는 그것으로 충분하다. 배측 시각 경로와 복측 시각 경로의 기능적 특징에 관해 알아볼 때도 얘기했던 것처럼, 공간 주파수가 낮거나 중간 정도인 대략적인 시각 정보가 공간 주파수가 높은 섬세한 시각 정보보다 빠르게 전달된다는 점은 흥미롭다. 따라서 시각적인 인지가 '전체/부분' 처리 원리에 따라 작동되는 것이라고 추론할 수도 있다. 배측 경로를 통해 장면을 우선 전체적으로 봄으로써 그 장면의 성질에 관해 하나 이상의 가설을 일단 내놓고, 이어서 복측 경로를 통해 더 정확한 정보가 도착하면 그 가설들을 확인하거나 다듬거나 파기하는 방식으로 장면을 인식하는 것이다.

이상에서 설명한 원리는 1940년대 게슈탈트(Gestalt) 심리학 이론이 주장하는 것과 유사점이 많다. 게슈탈트 이론의 경우

• • •

시지각의 작동 원리 공간 주파수가 낮은 영상과 공간 주파수가 높은 영상이 어떠한 차이를 보이는지 설명해 보자. 특히, 낮은 공간 주파수로 처리된 화난 표정의 남성 얼굴과 높은 공간 주파수로 처리된 온화한 표정의 여성 얼굴을 겹쳐 놓고 어떤 얼굴로 보이는지 시험하면 가까이서 뚜렷이 쳐다볼 때는 온화한 여성의 얼굴이 보이지만, 멀리 떨어뜨려 놓고 눈을 깜박거려 보면 화난 남성의 얼굴만 보이는 것을 확인할 수 있다. 이는 눈의 시각 시스템이 멀리 있는 물체나 언뜻 보이는 물체에 대해서 낮은 공간 주파수만을 처리하기 때문에 나타나는 결과이다. 살바도르 달리가 그린 링컨 초상화도 시각 처리의 그러한 특성을 이용한 것이다.

공간 주파수에 따라 달리 보이는 그림의 한 예이다.
가까이에서 볼 때와 멀리서 볼 때 다른 모양으로 보이는 것을 알 수 있다.

뇌와 관련된 설명은 없긴 하지만 말이다. 어쨌든 게슈탈트 이론의 요점은 전체에 대한 지각이 부분에 대한 지각을 앞선다는 것이다. 이 원리는 아주 단순해 보이지만, 아기였을 때는 시각이 매우 대략적이었다가 나이들어 감에 따라 점차 섬세하게 변해가는 시각 처리의 발달 과정에 대응된다는 점에서 주목할 만하다.

이 원리는 **변화맹**과 같이 시지각과 관련된 다른 현상들에도 적용된다. 변화맹이란 영상에서 중요한 세부를 바꾸어도 관찰자가 그 변화를 지각하지 못하는 현상이다. 변화맹이 일어나려면, 부분적인 변화가 영상의 전체 구조에는 영향을 끼치지 않아야 한다. 이를 이용하는 흥미로운 예가 바로 영화이다. 영화 감독들은 고의적이지는 않지만 관객들의 변화맹을 자주 이용한다. 실제로 영화 장면이 바뀔 때에는 전 장면에 비해 물체의 위치나 상태가 바뀌기도 하고, 인물의 의상에 변화가 생기기도 한다. 하지만 일반적으로 관객들은 그러한 결함들을 지각하지 못한다. 장면의 '전체성'은 바뀌지 않기 때문이다. 이 책의 인터넷 사이트(http://www.upmf-grenoble.fr/LPNC/LpncPerso/Permanents/Pommesvision/)에 변화맹 정도를 알아보는 테스트가 있으니 관심이 있는 독자라면 해 보길 바란다.

요즘 과학자들은 걸어 다닐 수 있고 물건을 잡을 수도 있는 로봇을 만들고 있다. 이러한 기술적 진보가 사람의 시각 기능에 대한 이해를 높이는 데 도움이 될 수 있을까? 그 대답은 현재로서는 부정적이다. 비행기를 날게 하는 메커니즘과 새가 나는 메커니즘이 서로 다른 것처럼, 로봇의 시각 기능은 사람과는 그 작동 방식이 완전히 다르다. 또한 로봇은 이미 제시된 적이 있는 시각 정보를 유추해 알아보는 것을 배우는 능력이 거의 없다. 기계가 아이처럼 주변 세계와 상호 작용을 해서 스스로 학습하지 못하는 한, 로봇이 그러한 능력을 가질 수 있다고 생각하기란 어려운 것 같다. 앞에서 강조했던 것처럼, 뇌에서 시각을 담당하는 부분이 따로 분리되어 있지 않다는 사실을 잊어서는 안 된다. 사람은 보는 법을 배웠다는 사실을 알고, 보는 법을 배웠기 때문에 볼 수 있는 것이다. 상황이 이러하니 정확한 시지각 모델을 만드는 일은 그만큼 어려울 수밖에 없다.

●　●　●

변화맹 테스트 해당 사이트의 'Cécité au changement(변화맹)'이라는 메뉴를 보면 된다. 거기서 'exemple(예)'를 클릭하면 영상이 뜨고, 1.5초 간격으로 그 영상이 계속 바뀌는데, 전체 화면은 그대로면서 딱 한 부분에만 변화가 생긴다. 그 부분을 얼마나 빨리 찾아낼 수 있는가를 알아보는 것이다.

4

왜 보이지 않을까?

왜 보이지 않을까?

　이제 주요 시각 장애에 대해 살펴보자. 시각 장애는 안과적인 손상, 즉 눈이 손상된 결과일 수도 있고, 뇌의 손상, 즉 시각 경로나 시각 피질 영역이 손상된 결과일 수도 있다. 이러한 이상 증상들을 보면 사람이 시각을 잃을 수도 있다는 사실을 알 수 있지만, 그뿐 아니라 이러한 이상 증상들을 통해 시각 체계의 작용을 더 잘 이해할 수 있게 되기도 한다.

　눈과 시신경이 손상된 말초성 손상이 중심 시력의 장애를 유발한다면, 시신경 교차에서부터 뇌 영역까지가 손상된 중추성 손상은 시야 축소, 시각 분석 장애, **시각적 주의 장애**(매순간 적절한 정보가 어디 있는지 찾아내고 선택하는 능력을 상실하는 것.)를 유발한다.

중심 시력 장애

중심 시력이란 시야에 있는 물체를 상세한 부분까지 구별해 내는 능력을 말한다. 중심 시력은 두 개의 점이 있을 때 눈이 그 두 점을 떨어져 있는 것으로 지각할 수 있는 최소 간격을 알아봄으로써, 또는 두 점이 떨어져 있는 걸 얼마나 빨리 알아채는가를 봄으로써 측정할 수 있다. 곧 살펴보겠지만, 망막에 빛이 잘못 투사되거나(**굴절 장애**가 있는 경우), 눈을 이루고 있는 여러 부분에 손상이 생겼을 때 중심 시력이 떨어지게 된다. 이러한 장애는 아주 흔하게 나타난다. 시각적 결함을 고치기 위해 안경이나 렌즈가 필요한 사람이 두 명 중 한 명꼴은 되니까 말이다.

굴절 이상으로 인한 시력 저하

망막을 지나는 빛의 굴절 장애로 중심 시력이 저하되는 경우는 흔히 볼 수 있다. 근시, 원시, 난시, 노안이 여기에 해당하며, 이 증상들을 통틀어 **비정시안**이라는 용어로 묶어 부른다. 비정시안 장애는 성인뿐만 아니라 아이들에게서도 나타날 수 있는데, 시각 기능 습득을 방해할 수도 있는 만큼 반드시 교정해 주어야 한다.

아래 그림에 나타나듯이 정상적인 눈의 경우, 눈에 들어온 빛은 망막에 투사되고, 따라서 선명한 시각을 얻을 수 있다. 하지만 비정시안의 경우, 상이 망막에 정확하게 맺히는 것이 아

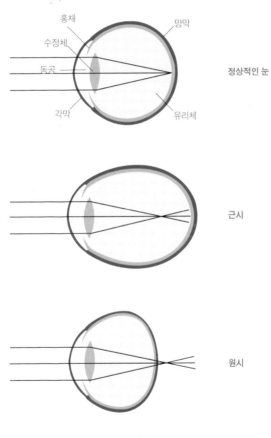

눈의 단면도와 굴절 이상

니라 망막 앞쪽이나 뒤쪽에 맺혀 버려서, 그 결과 시각이 흐려지게 된다.

근시는 상이 망막이 아니라 망막 앞에 맺히는 특징을 보인다. 이러한 증상은 안구의 앞뒤 길이가 너무 길거나 안구의 굴절력이 너무 강할 때 생기는 경우가 많다. 망막 앞쪽에서 상이 맺히기 때문에 뇌는 멀리 있는 물체를 볼 때처럼 흐릿한 영상을 받게 되는데, 이 경우 사람들은 눈을 찡그려 그 흐릿함을 없애려고 한다.

근시와는 달리, 원시는 대개 가까운 곳보다 멀리 있는 곳을 더 잘 보고, 큰 물체보다는 작은 물체를 더 잘 본다. 때문에 원시는 모르고 지나가는 경우가 많다. 교실 벽에 있는 조그만 물체를 알아보는 아이를 두고 시각 장애가 있을 거라고 생각하는 일은 잘 없으니까 말이다. 근시와 반대로, 원시는 안구의 앞뒤 길이가 너무 짧거나, 굴절력이 충분하지 못할 때 생긴다. 눈의 상태 역시 근시와는 반대다. 상이 망막 뒤쪽에서 맺히는 것이다. 망막이 아니라 망막 뒤쪽에 상이 맺힘으로써 이 경우에도 역시 뇌는 영상을 흐릿하게 지각하게 된다. 이러한 장애는 아이들에게서 더 자주 나타나는데(안구의 앞뒤 길이가 너무 짧기 때문에), 주의해서 아이들을 살펴보는 것이 필요하다. 중심 시력만 저하되는 게 아니라, 불편을 해소하려고 자꾸 눈을 움직이다 보면 사시가 될 수도 있기 때문이다.

난시는 빛이 눈의 여러 지점에 고르지 못하게 투사되는 상태이다. 그 결과 난시를 가진 사람은 가까이를 볼 때도 멀리 볼 때처럼 명확하지 않게 보인다. 대체로 각막이 둥글지 않고 타원에 가까운 모양을 하고 있어서 난시가 되는 경우가 많다.

마흔 살이 넘으면 신문에 있는 작은 글자들을 읽기가 힘들어진다. 그것이 바로 노안 때문이며, 이는 시력의 자연적인 변화에 해당한다. 그 나이가 되면 수정체가 탄력성을 많이 잃게 된다. 예를 들어, 지금 이 책을 여러분 눈 가까이에 가져갔을 때 여러분 눈이 하는 것과 같이, 가까이 있는 물체를 볼 때 수정체를 볼록해지게 조절해서 망막에 초점이 맞추어지게끔 하는 **적응력**이 떨어지는 것이다. 이러한 장애는 노화와 함께 흔히 나타나고, 이때 사람들은 책이나 신문 등을 눈에서 멀리 놓고 보게 된다.

이상에서 본 장애들은 망막에 상이 비정상적으로 맺히는 것을 교정해 주고, 다음 처리 단계인 뇌에 선명한 영상을 전달해 주는 교정용 안경이나 보정 렌즈를 착용함으로써 완화될 수 있다. 하지만 이제 다음에서 우리가 보게 될, 눈의 손상으로 인한 중심 시력 장애의 경우에는 그렇지 않다. 그러한 장애는 특수한 외과 수술이나 훈련 요법이 필요하다.

눈의 손상으로 인한 시력 저하

눈을 이루고 있는 여러 조직(각막, 수정체, 망막)에 손상이 생겼을 경우에도 중심 시력이 현저하게 저하될 수 있다.

각막(49쪽 그림 참조)은 안구 앞쪽 면에 위치한 투명하고 얇은 조직으로, 마치 창문과도 같다. 각막은 빛이 망막에 집중되게 해 주고, 눈의 예민한 부위들이 다치지 않도록 보호하는 역할을 한다. 각막에 이상이 생기면 투명성이 떨어지고 중심 시력이 떨어진다. 각막 이상의 원인 중 가장 빈번한 것으로는 선천적인 손상, 외상, 바이러스, 감염에 의한 손상이 있다. 요즘은 각막 이식이 가능하게 되었는데, 좋은 결과를 거둘 수 있지만 기증자가 매우 부족한 실정이다.

백내장처럼 수정체가 혼탁해지는 경우에도, 혼탁한 정도에 따라 중심 시력이 떨어진다. 백내장은 주로 노화와 함께 나타나는 증상이지만 선천적일 수도 있어서, 태어나자마자 있는 경우도 있고, 아동기에 나타나기도 한다. 또한 백내장은 한쪽 눈에만 나타날 수도 있고, 양쪽 눈 모두에 나타날 수도 있다.

망막 손상의 예로는 **노인성 황반 변성증**을 들 수 있는데, 이 경우 빛 수용 세포(주로 원추 세포)가 점차 줄어들며, 감소 정도에 따라 중심 시력 장애가 발생한다.

뇌 손상에 의한 시지각 장애

사람들은 대부분 시각 장애라고 하면 중심 시력의 저하라고만 이해할 때가 많다. 하지만 이는 시각 장애에 대한 정의를 위험하게 축소한 것이다. 이미 앞에서도 얘기했듯이, 시각 정보 분석은 본질적으로 뇌의 역할이기 때문이다. 게다가 뇌의 많은 영역이 시각 정보 처리에 관련되어 있기도 하다. 이러한 복합적인 성질로 인해, 아니라 시각 경로와 시각 피질 중추에 손상이 생기면 중심 시력이 떨어지지 않더라도 장애 정도가 매우 큰 시각적 결함들이 다양한 양상으로 나타날 수 있다.

시각 경로나 일차 시각 피질에 손상이 생겼을 경우 시야가 축소되는데, 얼마나 축소되고 또 어느 부분이 축소되는가 하는 것은 손상 부위의 상태와 직접 연관이 있다. 실제로 손상이 생긴 부분에 대응되는 시야에 일종의 실명이 발생한다. 그래서 좌우 양쪽 대뇌반구의 일차 시각 피질에 손상이 있는 사람의 경우, 또는 시신경 교차 뒤쪽의 좌우 시각 경로에 손상이 있을 경우 (30쪽의 시각 경로 그림 참조) 자신의 시야 전체를 볼 수 없는 **피질성 맹증**이 오고, 우측 일차 시각 피질에 손상이 생기면 왼쪽 시야에 들어온 정보를 분석하지 못하고, 좌측 일차 시각 피질에 손상이 생기면 오른쪽 시야의 정보를 분석하지 못하는,

🍎 이른바 **동측 반맹**이 나타난다.

　이러한 신경성 시각 장애에 대해서는 아주 많은 연구가 이루어지고 있다. 왜냐하면 이 장애가 시지각과 의식 사이의 관계를 검토할 수 있는 중요한 모델이 되기 때문이다. 실제로 수많은 연구자들은 일차 시각 피질의 손상으로 인해 시야 전체를 보지 못하는 환자들 중 상당수가 눈으로 지각하지 않고도 어떤 🍎 물체를 가리키거나 잡을 수 있다는 것을 확인한 바 있다. **맹시** 라고 불리는 이 현상은 지각이 의식과 분리되는 예외적인 경우가 존재할 수 있다는 것을 보여 준다.

　그런데 맹시 현상은 몇 가지 의문을 불러일으킨다. 그중 한 가지는 의식적으로 보는 경우에 일차 시각 피질이 꼭 온전한 상태여야 할까 하는 것이다. 더 일반적으로 말해서, 시각적 의식이란 무엇이며, 뇌의 어떤 영역이 시각적 의식의 기반이 되는 것일까? 일차 시각 피질이 손상된 환자들의 경우 무의식적 시각은 또 어디에서 처리가 되는지에 대해서도 역시 의문이 생긴다. 눈 한 쪽만 놓고 볼 때, 시신경을 이루는 신경 섬유 150만 개는 일차 시각 피질로 향하지만, 나머지 15만 개는 뇌간과 다른 시각 영역들로 향한다. 시지각에서 의식적이지 않은 부분은 바로 그러한 여러 영역들이 전적으로 관계하고 있을 수 있다.

　최근에는 보이지 않는 시야에 대한 무의식적 시각을 집중적으로 연습시켜서 무의식적 시각이 의식적 시각이 될 수 있도록 하는 훈련 요법이 실험 중이다. 심한 장애가 있는 환자들에게 효과가 있으리라고 기대되는 요법이다. 이러한 신경 생리학적 인 방법을 통해 시각적 의식에 관여하는 뇌의 결정 인자를 연구할 수도 있을 것으로 보인다.

또한 뇌 후측두엽에 손상이 생겼을 경우 물체를 시각적으로 알아보는 능력이 떨어질 수 있으며, 심지어 완전히 그 능력을 잃어버리기도 한다. 이것이 **시각 실인증**이라고 불리는 장애 증상이다. 이 경우 환자는 중심 시력과 시야가 정상이어도 어떤 자극을 시각적으로 알아보지 못하며, 따라서 만져 보거나 소리를 듣거나 맛을 보는 등 다른 감각의 정보에 근거해서만 그것이 무엇인지 확인할 수 있다. 적절한 신경 생리학적 훈련 요법을 쓰면 이와 같은 증상을 완화할 수 있다. 이 증상은 어떤 물체에 대해 눈이 지각하는 것과 머릿속에 떠오르는 것, 그리고 그 의미 지식 사이에 있는 관계에 대한 문제를 보여 주기 때문에 많은 연구자들이 연구에 매진하고 있는 분야이기도 하다.

두정엽이 손상되었을 때에는 **편측 공간 무시**가 발생한다. 이때 환자는 손상된 부위 반대쪽 공간을 전혀 의식하지 못한다. 가장 빈번하게 볼 수 있는 경우는 우측 두정엽에 손상이 생긴 환자가 공간의 왼쪽 반에서 일어나는 모든 정보를 무시하는 것이다. 다른 감각도 이러한 장애가 나타날 수 있지만 인간에게 시각이란 공간을 신호로 바꾸기 위한 중요한 수단인 만큼 시각 장애가 가장 심각하게 나타난다. 이 증상으로 왼쪽을 무시하는 환자들은 면도나 화장을 할 때 얼굴 왼쪽 부분은 빼놓는다거나, 접시의 오른쪽 반에 있는 음식만 먹는다거나, 책을 읽을 때도 오른쪽 페이지만, 심할 경우 오른쪽 끝에 있는 글자들만 읽는 증상을 보인다. 이러한 장애는 훈련 요법으로 환자들을 직접 치료하는 의사들뿐만 아니라 연구자들에게도 관심의 대상이 되고 있는데, 의식과 주의가 공간을 인식하는 데 어떤 역할을 하는가라는 질문과 관련이 있기 때문이다. 이 경우에도 역시 신경 생리학 연구를 통해 그에 대한 답을 할 수 있을 것이다.

5

환경에 따라
보는 것도 다를까?

환경에 따라 보는 것도 다를까?

　지금까지 우리는 다양한 실험과 환자들의 사례를 통해 시각이 하나의 지식이고, 따라서 시각도 언어나 기억과 동등한 자격을 지닌 상위 기능으로 간주해야 한다는 것을 알았다.

　시각은 눈에서 뇌까지 이르는 조직들이 그 기능을 맡고 있기 때문에 시각 기능이 제대로 작동하기 위해서는 훈련이 필요하다. 다시 말해서 태어나는 순간부터, 심지어 태내에 있을 때부터도 실제 세계와 끊임없이 상호 작용을 함으로써 시각은 제 기능을 발휘할 수 있는 것이다. 인간은 실제 세계와 만나면서 감각을 키우고 다듬으며, 그 감각을 통해 실제 세계를 다양한 방식으로 보고, 다양한 상호 작용을 할 수 있다. 말하자면 인간을 둘러싼 세계와 지각 체계는 계속해서 순환하는 고리를 이루면서 서로를 만들어 간다. 따라서 시지각은 환경적이고 문화적인 요인들에 좌우된다고 할 수 있다. 이 책에서 마지막으로 하고자 하는 얘기가 바로 그 이야기이다.

서로 다른 환경에서 자란 사람은 서로 다른 방식으로 세상을 본다. 예를 들어, 나무가 아주 빽빽하게 들어서 있는 숲에서 자란 사람들은 멀리 있는 물체를 지각하지 못한다. 물론 그러한 자극을 제시했을 경우 알아보기는 한다. 하지만 그것은 멀리 있는 물체로 보는 것이 아니라, 크기가 아주 작은 물체로 지각하는 것뿐이다. 숲이라는 세계가 공간 불변성을 습득할 기회를 주지 않은 것이다. 대신 빛이 극히 적은 환경 조건에 적응한 결과 숲에서 자란 사람들은 중심 시력이 특별히 예리하게 발달한다.

시지각에 대한 환경의 영향은 더 섬세한 부분에서도 나타날 수 있으며, 환경보다는 개인이 자라온 문화의 영향을 받는다고 볼 수도 있다. 독서 습관이 시각적 공간 지각에 미치는 영향을 예로 들 수 있다. 프랑스어나 영어는 왼쪽에서 오른쪽으로 읽고, 히브리어나 아랍어는 오른쪽에서 왼쪽으로 읽는데, 그런 독서 습관이 세계를 지각하는 방식에도 영향을 준다는 것이 몇 년 전에 밝혀졌다. 왼쪽에서 오른쪽으로 읽도록 배우는 문화에서 자란 사람의 경우, 왼쪽에서 오른쪽으로 향하는 방향을 가진 그림을 더 좋아하는 경향을 보이며, 두 점을 이을 때도 왼쪽에서 오른쪽으로 줄을 긋고, 물체를 그릴 때도 대개 오른쪽으로 향해 있는 모습을 그렸던 것이다. 물론 오른쪽에서 왼쪽으로 읽는 사람의 경우 그와 반대되는 성향을 나타냈다. 이 사실은 한 인간이 살아가고 있는 문화에 존재하는 시각적 방향 습관이 아주 어릴 때부터 주위 세계를 지각하고 표현하는 방법에 영향을 미친다는 것을 보여 준다.

이처럼 환경적 요인과 생물학적 요인이 상호 작용하는 예를 보면, 본다는 것은 수많은 절차를 거치는 매우 복잡한 기능이라는 사실이 다시 한 번 증명된다. 하지만 앞에서도 말했듯이, 외부 세계에 대한 시각 정보가 뇌의 어디에서 어떻게 종합되는지도 아직 정확히 밝혀내지 못하고 있다. 시각의 모든 것을 규명하려면 갈 길이 아직 멀다. 그러나 워낙 흥미롭고 매력적인 분야인 만큼 기꺼이 그 길을 갈 수 있을 테니 정말 다행스러운 일이라 하겠다.

그리고 그러한 연구의 장래성 역시 무척이나 밝기에 발걸음이 더 가볍다. 시지각과 관계된 기본 메커니즘이 밝혀질 경우, 정상 상태에서 그 메커니즘이 어떻게 작동하는지를 더 잘 이해할 수 있을 뿐만 아니라, 눈이나 뇌가 손상되었을 때 그 메커니즘이 어떻게 훼손되는지도 알 수 있기 때문이다.

새로운 치료 요법에 초점을 맞춘 것이든, 망막 이식이나 인공 망막 연구에 초점을 맞춘 것이든, 의학적 응용 분야의 발달은 기본 연구가 얼마나 이루어지느냐에 달려 있다. 그리고 어떤 연구가 의학적으로 훌륭하게 응용되려면, 또한 버질의 경우처럼 환자가 고통스러운 경험을 하는 것을 피하게 하려면, 환자의 증상을 잘 이해하고 어떤 도움을 줄 수 있을지 반드시 생각해 보아야 한다. 더불어 새로운 기술들을 활용하는 것은 환자의 적응 능력도 함께 고려해야 한다. 현재 인공 망막을 비롯해서 심각한 시각 장애를 가진 사람의 시각을 대신할 수 있는 장치들에 대한 연구가 활발한데, 이는 보는 능력을 가진 로봇을 만들어 내는 연구와 상당히 유사하다. 요컨대, 시각에 대한 연구는 응용에서뿐만이 아니라 문제에 대한 접근도 여러 전문 분야에 걸쳐 이루어져야 할 것이다.

더 읽어 볼 책들

- 김미경, 『**춤추는 미로: 뇌**』(성우, 2002).

- 성영신 · 강은주 · 김성일, 『**마음을 움직이는 뇌, 뇌를 움직이는 마음**』(해나무, 2004) .

- 수전 그린필드, 정병선 옮김, 『**브레인 스토리**』(지호, 2004).

- 수전 그린필드, 박경한 옮김, 『**휴먼 브레인**』(사이언스북스, 2005).

- 올리버 색스, 이은선 옮김, 『**화성의 인류학자**』(바다, 2005).

논술·구술 시험은 논리적이고 종합적인 사고를 요구한다. 다음에 제시된 문제는 이 책의 주제와 연관이 있는 논술·구술 기출 문제이다. 이 책을 통하여 습득한 과학적 지식과 원리, 입체적이고 논리적인 접근 방식을 활용하여 스스로 문제에 답해 보자.

▶ 편지의 글씨를 읽었을 때 몸의 반응을 생물학적으로 자세히 설명해 보라.

옮긴이 | 김성희

부산대 불어교육과 및 동대학원을 졸업했으며 현재 전문 번역가로 활동 중이다.

민음 바칼로레아 06

우리는 어떻게 볼까?

2판 1쇄 찍음 2021년 3월 18일
2판 1쇄 펴냄 2021년 3월 30일

1판 1쇄 펴냄 2006년 1월 5일

지은이 | 실비 쇼크롱, 크리스티앙 마랑다즈
감수자 | 박경한
옮긴이 | 김성희
발행인 | 박근섭
펴낸곳 | ㈜민음인

출판등록 | 2009. 10. 8 (제2009-000273호)
주소 | 06027 서울 강남구 도산대로 1길 62 강남출판문화센터 5층
전화 | 영업부 515-2000 편집부 3446-8774 팩시밀리 515-2007
홈페이지 | minumin.minumsa.com

도서 파본 등의 이유로 반송이 필요할 경우에는 구매처에서 교환하시고
출판사 교환이 필요할 경우에는 아래 주소로 반송 사유를 적어 도서와 함께 보내주세요.
06027 서울 강남구 도산대로 1길 62 강남출판문화센터 6층 민음인 마케팅부

한국어판 © (주)민음인, 2006. Printed in Seoul, Korea
ISBN 979 11-5888-768-1 04000
ISBN 979 11-5888-823-7 04000(set)

㈜민음인은 민음사 출판 그룹의 자회사입니다.